AI
CONDUCTA
PATRONES

De los algoritmos a las acciones: exploración de los
patrones de comportamiento de los sistemas de IA

© 2024 Por Arlo Whitford. Todos los derechos reservados.

Ninguna parte de esta publicación puede ser reproducida, distribuida o transmitida en ninguna forma ni por ningún medio, incluyendo fotocopias, grabaciones u otros métodos electrónicos o mecánicos, sin el permiso previo por escrito del editor, excepto en el caso de citas breves incorporadas en reseñas críticas y ciertos otros usos no comerciales permitidos por la ley de derechos de autor.

TABLA DE CONTENIDO

INTRODUCCIÓN: EL SURGIMIENTO DE PATRONES DE COMPORTAMIENTO DE LA IA 7

DESCRIPCIÓN GENERAL DE LA IA Y SU PAPEL EVOLUTIVO EN LA SOCIEDAD HUMANA 7

POR QUÉ ES IMPORTANTE COMPRENDER EL COMPORTAMIENTO DE LA IA .. 9

EL IMPACTO DEL COMPORTAMIENTO DE LA IA EN LAS INDUSTRIAS Y LA VIDA COTIDIANA 11

PARTE 1: FUNDAMENTOS DEL COMPORTAMIENTO DE LA IA ... 16

COMPRENSIÓN DE LOS PATRONES DE COMPORTAMIENTO EN LA IA 16

DEFINICIÓN DEL COMPORTAMIENTO EN EL CONTEXTO DE LA IA 16

CÓMO LOS SISTEMAS DE IA APRENDEN E IMITAN EL COMPORTAMIENTO ...19

ALGORITMOS Y METODOLOGÍAS CLAVE DETRÁS DE LOS COMPORTAMIENTOS DE LA IA 22

LA CIENCIA DE LA TOMA DE DECISIONES MEDIANTE IA 27

CÓMO LOS SISTEMAS DE IA PROCESAN LA INFORMACIÓN Y TOMAN DECISIONES 27

EL APRENDIZAJE POR REFUERZO Y SU PAPEL EN LA FORMACIÓN DEL COMPORTAMIENTO 30

ESTUDIOS DE CASOS DE TOMA DE DECISIONES CON IA EN APLICACIONES DEL MUNDO REAL 33

EL PAPEL DE LOS DATOS EN LA CONFIGURACIÓN DEL COMPORTAMIENTO DE LA IA 36

INTELIGENCIA ARTIFICIAL BASADA EN DATOS: DE DATOS SIN PROCESAR A PATRONES DE COMPORTAMIENTO 36

Sesgo en los datos y su impacto en el comportamiento de la IA ..38
Cómo garantizar comportamientos de IA éticos e imparciales 40

PARTE 2: PATRONES DE COMPORTAMIENTO DE LA IA EN ACCIÓN 43

Reconocimiento de patrones e inteligencia artificial: los elementos básicos 43
Cómo la IA identifica patrones en grandes conjuntos de datos .43
Aplicaciones en reconocimiento de imágenes, procesamiento del lenguaje y más 46
El futuro del reconocimiento de patrones en la evolución de la IA 48

LA IA EN EL MODELADO DEL COMPORTAMIENTO HUMANO ...49

Cómo la IA modela el comportamiento humano: del mimetismo a la predicción 49
Casos de uso en marketing, atención sanitaria y seguridad 50
Consideraciones éticas en el modelado del comportamiento impulsado por IA 52

INTELIGENCIA ARTIFICIAL SOCIAL: CÓMO NAVEGAR EN LAS INTERACCIONES Y RELACIONES 54

El papel de la IA en las interacciones sociales y la comunicación 54
Asistentes virtuales y el auge de la inteligencia artificial social 55
Desafíos y oportunidades en la creación de una IA con conciencia social 56

IA Y ECONOMÍA DEL COMPORTAMIENTO 58

La intersección de la IA y el comportamiento económico 58

Predicción del comportamiento del consumidor con IA 59

Cómo la IA está transformando los mercados financieros y las tendencias de consumo 60

PARTE 3: CONCEPTOS AVANZADOS Y DIRECCIONES FUTURAS
.... 62

Adaptación conductual: la IA aprende de su entorno 62

Cómo evolucionan y se adaptan los sistemas de IA con el tiempo 62

El papel del aprendizaje continuo en la configuración del comportamiento de la IA 64

Estudios de casos de IA adaptativa en entornos dinámicos 65

IA EN SISTEMAS AUTÓNOMOS: COMPORTAMIENTO EN MOVIMIENTO 67

Patrones de comportamiento en vehículos autónomos, drones y robótica 67

Toma de decisiones y resolución de problemas en tiempo real ... 68

El futuro de la autonomía y el comportamiento de la IA en entornos complejos 69

ÉTICA DE LOS PATRONES DE COMPORTAMIENTO DE LA IA 71

Las implicaciones morales de los comportamientos impulsados por la IA 71

Responsabilidad de la IA: ¿Quién es responsable de las acciones de la IA? 72

Garantizar la transparencia y la confianza en los sistemas de IA 73

LA IA Y EL FUTURO DE LA INTERACCIÓN ENTRE HUMANOS Y IA 74

    PREDICCIONES PARA LA PRÓXIMA OLA DE COMPORTAMIENTOS DE LA IA .. 74

    LA RELACIÓN EN EVOLUCIÓN ENTRE LOS HUMANOS Y LA IA 75

    PREPARANDO A LA SOCIEDAD PARA EL PAPEL CADA VEZ MÁS IMPORTANTE DE LA IA EN LA VIDA COTIDIANA 76

CONCLUSIÓN 77

INTRODUCCIÓN: EL SURGIMIENTO DE PATRONES DE COMPORTAMIENTO DE LA IA

Panorama de la IA y su papel evolutivo en la sociedad humana

La inteligencia artificial (IA) ha pasado de ser un área de nicho de la informática a convertirse en una fuerza dominante que está transformando industrias, economías y la vida cotidiana. Los sistemas de IA, que en un principio se centraban en resolver tareas específicas, ahora muestran comportamientos que se asemejan mucho a la toma de decisiones, la resolución de problemas e incluso las interacciones sociales humanas. Esta evolución marca un cambio significativo desde los sistemas tradicionales basados en reglas a una IA que puede aprender, adaptarse y desarrollar patrones de comportamiento.

El camino de la IA comenzó con una automatización simple, en la que se programaban máquinas para realizar tareas repetitivas. Con el tiempo, los avances en el aprendizaje automático, el aprendizaje profundo y las redes neuronales permitieron que la IA fuera más allá de las instrucciones estáticas. Hoy, la IA puede analizar grandes cantidades de datos, reconocer patrones y tomar decisiones basadas en experiencias pasadas. Esta capacidad ha transformado la IA de una herramienta a una aplicación móvil. que realiza tareas predefinidas para un sistema inteligente que puede operar de forma autónoma y aprender de su entorno. El papel cambiante de la IA en la sociedad es evidente en varios sectores. En la atención médica, la IA está revolucionando el diagnóstico, la medicina personalizada y el descubrimiento de fármacos. En finanzas, los algoritmos impulsados por IA predicen las tendencias del mercado, detectan fraudes y optimizan las estrategias de inversión. En educación, las plataformas impulsadas por IA personalizan las experiencias de aprendizaje y brindan retroalimentación en tiempo real. Estos ejemplos ilustran cómo la IA no es solo un avance tecnológico, sino una fuerza que está redefiniendo las industrias e influyendo en nuestra vida diaria.

Sin embargo, a medida que los sistemas de IA se vuelven más sofisticados, comprender su comportamiento se vuelve crucial. A diferencia del software tradicional, donde el resultado es predecible en función de la información de entrada, los sistemas de IA pueden exhibir comportamientos complejos que no siempre son fáciles de explicar o predecir. Esta imprevisibilidad plantea preguntas sobre la confianza, la transparencia y la responsabilidad en los sistemas impulsados por IA. Por lo tanto, comprender los patrones de comportamiento de la IA es esencial para garantizar que estos sistemas funcionen de manera segura, ética y en consonancia con los valores humanos.

Por qué es importante comprender el comportamiento de la IA

El comportamiento de los sistemas de IA está determinado por los algoritmos que los impulsan y los datos con los que se entrenan. A medida que los sistemas de IA se integran más en la sociedad, su comportamiento puede tener consecuencias significativas. Por ejemplo, los algoritmos de IA utilizados en los procesos de contratación pueden perpetuar inadvertidamente el sesgo si se los entrena con datos sesgados. De manera similar, los sistemas de recomendación impulsados por IA pueden influir en el comportamiento del consumidor al promocionar ciertos productos o contenidos en lugar de otros.

Comprender el comportamiento de la IA es fundamental por varias razones:

1. Confianza y transparencia: para que los sistemas de IA se adopten ampliamente, los usuarios deben confiar en que estos sistemas se comportarán como se espera. Sin embargo, los sistemas de IA a menudo funcionan como "cajas negras",

donde el proceso de toma de decisiones no es transparente. Al comprender el comportamiento de la IA, podemos garantizar que estos sistemas sean más transparentes y que los usuarios puedan confiar en sus resultados.

2. Implicaciones éticas: Los sistemas de IA tienen el potencial de impactar profundamente en la vida humana. Desde vehículos autónomos hasta diagnósticos de salud, las decisiones de IA pueden tener consecuencias que alteren la vida. Comprender el comportamiento de la IA es crucial para garantizar que estos sistemas funcionen éticamente y no dañen a las personas ni a la sociedad.

3. Regulación y rendición de cuentas: A medida que los sistemas de IA se vuelven más comunes, existe una creciente necesidad de marcos regulatorios que regulen su comportamiento. Comprender cómo se comportan los sistemas de IA ayudará a los responsables de las políticas a crear regulaciones que garanticen la rendición de cuentas y protejan al público de posibles daños.

4. Mitigación de sesgos y discriminación: los sistemas de IA son tan buenos como los datos con los que se entrenan. Si los datos contienen sesgos, es probable que el sistema de IA presente un comportamiento sesgado. Al comprender el comportamiento de la IA, podemos identificar y mitigar los

sesgos en estos sistemas, lo que garantiza que funcionen de manera justa y no perpetúen la discriminación.

5. Mejora del rendimiento y la eficiencia: comprender el comportamiento de la IA también puede generar mejoras en el rendimiento y la eficiencia. Al analizar cómo se comportan los sistemas de IA en diferentes escenarios, podemos optimizar sus algoritmos, reducir errores y mejorar su eficacia general.

El impacto del comportamiento de la IA en las industrias y la vida cotidiana

El impacto del comportamiento de la IA ya se está sintiendo en diversas industrias y en nuestra vida diaria. La capacidad de los sistemas de IA para aprender de los datos, adaptarse a nueva información y tomar decisiones de manera autónoma tiene implicaciones de largo alcance.

1. Atención sanitaria: la IA está transformando la atención sanitaria al permitir diagnósticos más rápidos y precisos, planes de tratamiento personalizados y mejores resultados para los pacientes. Por ejemplo, los sistemas impulsados por IA pueden analizar imágenes médicas para detectar enfermedades como el cáncer en una etapa temprana, a menudo con mayor precisión que los médicos humanos. Además, la IA se está utilizando para predecir los resultados

de los pacientes, recomendar opciones de tratamiento e incluso ayudar en cirugías. Sin embargo, el comportamiento de la IA en la atención sanitaria debe supervisarse cuidadosamente para garantizar que no introduzca errores o sesgos que puedan perjudicar a los pacientes.

2. Finanzas: En el sector financiero, la IA se utiliza para analizar datos de mercado, predecir tendencias y optimizar estrategias comerciales. Los algoritmos de IA pueden procesar grandes cantidades de datos financieros en tiempo real, lo que les permite tomar decisiones en fracciones de segundo que pueden generar ganancias significativas. Sin embargo, el comportamiento de la IA en las finanzas también conlleva riesgos. Por ejemplo, el comercio impulsado por IA Los sistemas pueden contribuir a la volatilidad del mercado y, si no se regulan adecuadamente, podrían conducir a crisis financieras.

3. Comercio minorista: la IA está transformando el sector minorista al mejorar las experiencias de los clientes, optimizar las cadenas de suministro y personalizar las iniciativas de marketing. Los sistemas de recomendación basados en IA analizan el comportamiento de los clientes para sugerir productos que probablemente sean de su interés, lo que aumenta las ventas y la satisfacción del cliente. Sin embargo, el comportamiento de estos sistemas también plantea

inquietudes sobre la privacidad y el potencial de manipulación. Comprender el comportamiento de la IA en el comercio minorista es crucial para garantizar que estos sistemas respeten los derechos de los consumidores y funcionen de manera justa.

4. Transporte: Los vehículos autónomos son uno de los ejemplos más visibles de la IA en acción. Estos vehículos dependen de la IA para navegar por las carreteras, evitar obstáculos y tomar decisiones en tiempo real para garantizar la seguridad de los pasajeros. Sin embargo, el comportamiento de la IA en los vehículos autónomos es complejo y debe probarse exhaustivamente para garantizar que estos sistemas puedan manejar una amplia gama de escenarios. El potencial de accidentes o fallas de funcionamiento subraya la importancia de comprender y regular el comportamiento de la IA en el transporte.

5. Educación: La IA está revolucionando la educación al brindar experiencias de aprendizaje personalizadas, automatizar tareas administrativas y permitir el aprendizaje remoto. Las plataformas impulsadas por IA pueden Los sistemas de IA se adaptan a los estilos de aprendizaje individuales y ofrecen contenido personalizado y retroalimentación en tiempo real. Sin embargo, el comportamiento de la IA en la educación también plantea inquietudes sobre la privacidad de los datos, la posibilidad de

sesgo en el contenido educativo y la deshumanización de las experiencias de aprendizaje. Comprender el comportamiento de la IA en la educación es esencial para garantizar que estos sistemas mejoren la experiencia de aprendizaje en lugar de perjudicarla.

6. Entretenimiento: La IA se utiliza cada vez más en la industria del entretenimiento para crear contenido, recomendar medios e incluso generar música y arte. Los sistemas de recomendación impulsados por IA en plataformas como Netflix y Spotify analizan el comportamiento del usuario para sugerir contenido que se ajuste a sus preferencias. Si bien esto mejora la experiencia del usuario, también plantea preguntas sobre el impacto de la IA en la creatividad y la diversidad cultural. Comprender el comportamiento de la IA en el entretenimiento es crucial para garantizar que estos sistemas promuevan una gama diversa de contenido y no repriman la creatividad.

7. Seguridad y vigilancia: La IA se utiliza en seguridad y vigilancia para detectar amenazas, analizar patrones y predecir comportamientos delictivos. Los sistemas impulsados por IA pueden analizar secuencias de vídeo, reconocer rostros e identificar actividades sospechosas en tiempo real. Sin embargo, el comportamiento de la IA en seguridad y vigilancia plantea importantes preocupaciones éticas, incluidas

las violaciones de la privacidad y el potencial de abuso. El comportamiento de la IA en este contexto es esencial para equilibrar las necesidades de seguridad con los derechos individuales.

8. Recursos humanos: La IA se utiliza cada vez más en los procesos de contratación para filtrar currículos, evaluar candidatos e incluso realizar entrevistas. Los sistemas impulsados por IA pueden analizar grandes cantidades de datos de candidatos para identificar al candidato más adecuado para un puesto. Sin embargo, el comportamiento de la IA en recursos humanos también puede perpetuar sesgos si no se supervisa con atención. Comprender el comportamiento de la IA en este campo es crucial para garantizar que los procesos de contratación sean justos e inclusivos.

La aparición de patrones de comportamiento de la IA marca una nueva era en la evolución de la inteligencia artificial. A medida que los sistemas de IA se vuelven más sofisticados, comprender su comportamiento ya no es una cuestión técnica sino un imperativo social. El impacto del comportamiento de la IA en las industrias y la vida cotidiana es profundo, y su influencia solo aumentará a medida que la IA siga avanzando.

PARTE 1: FUNDAMENTOS DEL COMPORTAMIENTO DE LA IA

Comprender los patrones de comportamiento en la IA

La inteligencia artificial (IA) representa un cambio de paradigma en la forma en que interactuamos con la tecnología, ya que permite que las máquinas no solo realicen tareas predefinidas, sino que también muestren comportamientos que pueden asemejarse mucho a las acciones y los procesos de toma de decisiones humanos. Para apreciar plenamente las capacidades y limitaciones de la IA, es fundamental comprender los conceptos fundamentales de su comportamiento, incluida su definición, la forma en que los sistemas de IA aprenden e imitan el comportamiento, y los algoritmos y metodologías subyacentes.

Definición del comportamiento en el contexto de la IA

El comportamiento en IA se refiere a las acciones o respuestas observables de un sistema de IA a medida que interactúa con su entorno o procesa datos. A diferencia del software tradicional, que sigue instrucciones explícitas codificadas por los desarrolladores, los sistemas de IA suelen exhibir un comportamiento que surge de sus procesos de aprendizaje e interacciones con los datos. Este comportamiento se puede clasificar en varios tipos:

1. Comportamiento reactivo: el comportamiento reactivo en los sistemas de IA se caracteriza por respuestas directas a entradas específicas sin tener en cuenta interacciones pasadas ni implicaciones futuras. Por ejemplo, un motor de recomendaciones que sugiere productos en función de la consulta de búsqueda actual de un usuario demuestra un comportamiento reactivo. Estos sistemas suelen estar diseñados para responder a entradas inmediatas de una manera predefinida.

2. Comportamiento adaptativo: el comportamiento adaptativo se produce cuando un sistema de IA modifica sus acciones en función de la retroalimentación o de nuevos datos. Por ejemplo, un modelo de aprendizaje automático que mejora su precisión con el tiempo a medida que procesa más datos muestra un comportamiento adaptativo. Este tipo de comportamiento es crucial para los sistemas que necesitan evolucionar y adaptarse a condiciones cambiantes.

3. Comportamiento predictivo: el comportamiento predictivo implica realizar pronósticos o estimaciones sobre eventos futuros en función de datos históricos. Por ejemplo, las herramientas de análisis predictivo en finanzas utilizan datos históricos del mercado para pronosticar tendencias futuras. El comportamiento predictivo requiere que el sistema de IA analice patrones y tome decisiones informadas sobre resultados futuros.
4. Comportamiento autónomo: el comportamiento autónomo se refiere a la capacidad de un sistema de IA de operar de forma independiente y tomar decisiones sin intervención humana. Los vehículos autónomos, por ejemplo, muestran un comportamiento autónomo al transitar por carreteras y tomar decisiones de conducción basadas en datos en tiempo real. Este tipo de comportamiento es complejo e implica la integración de diversas formas de entrada y procesos de toma de decisiones.
5. Comportamiento social: el comportamiento social en la IA implica interacciones que imitan las interacciones sociales humanas, como la conversación y la empatía. Los sistemas de IA social, como los asistentes virtuales o los chatbots, están diseñados para interactuar con los usuarios de una manera que

parezca natural y humana. Este comportamiento se suele lograr mediante el procesamiento del lenguaje natural y el análisis de sentimientos.

Comprender estos tipos de comportamiento es esencial para diseñar sistemas de IA que satisfagan necesidades específicas y funcionen de manera eficaz en los entornos previstos. A medida que la tecnología de IA siga avanzando, la complejidad y el alcance del comportamiento de IA también se ampliarán, lo que requerirá investigación y desarrollo continuos para gestionar y optimizar estos comportamientos.

Cómo aprenden e imitan el comportamiento los sistemas de IA

Los sistemas de IA aprenden e imitan el comportamiento a través de diversos métodos, impulsados principalmente por técnicas de aprendizaje automático (ML) y aprendizaje profundo. Estos procesos de aprendizaje permiten que la IA

Los sistemas se adaptan a la nueva información, mejoran su rendimiento con el tiempo y replican comportamientos similares a los humanos. Los mecanismos clave que sustentan este aprendizaje incluyen:

1. Aprendizaje supervisado: el aprendizaje supervisado es un enfoque común de aprendizaje automático en el que un sistema de IA se entrena con un conjunto de datos etiquetados. En este método, el sistema aprende

a asignar entradas a salidas en función de los ejemplos proporcionados durante el entrenamiento. Por ejemplo, un algoritmo de aprendizaje supervisado para el reconocimiento de imágenes podría entrenarse con miles de imágenes etiquetadas (por ejemplo, gatos y perros) para aprender a clasificar nuevas imágenes con precisión. El comportamiento del sistema está determinado por los patrones que aprende de los datos de entrenamiento, lo que le permite hacer predicciones o clasificaciones en función de nuevas entradas.
2. Aprendizaje no supervisado: el aprendizaje no supervisado implica entrenar un sistema de IA con datos no etiquetados, donde el sistema debe identificar patrones y estructuras por sí solo. Este enfoque se utiliza para tareas como la agrupación y la reducción de la dimensionalidad. Por ejemplo, un algoritmo de aprendizaje no supervisado podría analizar los datos de los clientes para segmentarlos en diferentes grupos según su comportamiento de compra. El comportamiento del sistema se ve influenciado por la estructura inherente de los datos, lo que le permite descubrir relaciones y patrones ocultos.
3. Aprendizaje por refuerzo: el aprendizaje por refuerzo es un método en el que un sistema de IA aprende interactuando con un entorno y recibiendo retroalimentación en forma de recompensas o penalizaciones. El sistema toma decisiones en función del estado actual, realiza acciones y recibe retroalimentación que informa las decisiones futuras. Este enfoque se utiliza habitualmente en situaciones

en las que se requiere una toma de decisiones óptima, como en los juegos o la robótica. Por ejemplo, se podría utilizar un algoritmo de aprendizaje por refuerzo para entrenar a un robot para que navegue por un laberinto recompensando la navegación exitosa y penalizando las colisiones.

4. Aprendizaje por imitación: el aprendizaje por imitación implica enseñar a un sistema de IA a imitar el comportamiento de un ser humano o de otro sistema de IA. Este enfoque se utiliza a menudo en situaciones en las que la supervisión directa no es práctica. Por ejemplo, un sistema de IA podría aprender a jugar a un videojuego observando e imitando las acciones de un jugador humano. El comportamiento del sistema se ve determinado por las acciones demostradas, lo que le permite replicar un comportamiento similar en situaciones similares.

5. Aprendizaje por transferencia: el aprendizaje por transferencia implica aprovechar el conocimiento adquirido en una tarea o dominio para mejorar el rendimiento en otra tarea o dominio relacionado. Este enfoque es útil cuando hay datos limitados disponibles para la tarea en cuestión. Por ejemplo, un modelo entrenado para reconocer objetos en imágenes podría adaptarse para reconocer tipos específicos de objetos en un contexto diferente. El aprendizaje por transferencia permite que los sistemas de IA apliquen comportamientos aprendidos previamente a escenarios nuevos, pero relacionados.

Estos métodos de aprendizaje permiten que los sistemas de IA desarrollen comportamientos complejos que imitan la cognición y la toma de decisiones humanas. Al procesar datos de forma continua, recibir retroalimentación, y al ajustar sus algoritmos, los sistemas de IA pueden evolucionar y refinar sus comportamientos con el tiempo.

Algoritmos y metodologías clave detrás de los comportamientos de la IA

Varios algoritmos y metodologías sustentan el comportamiento de los sistemas de IA, cada uno de los cuales contribuye a diferentes aspectos del aprendizaje y la toma de decisiones. Comprender estos algoritmos es fundamental para desarrollar sistemas de IA eficaces y gestionar su comportamiento. Los algoritmos y metodologías clave incluyen:

1. Redes neuronales: Las redes neuronales son un componente fundamental de muchos sistemas de IA, en particular en el aprendizaje profundo. Estas redes consisten en nodos interconectados (neuronas) organizados en capas (capas de entrada, ocultas y de salida). Las redes neuronales están diseñadas para aprender patrones y representaciones complejas a partir de datos. Por ejemplo, las redes neuronales convolucionales (CNN) se utilizan ampliamente para tareas de reconocimiento de imágenes, mientras que

las redes neuronales recurrentes (RNN) se utilizan para el modelado de secuencias y el procesamiento del lenguaje natural.

2. Árboles de decisión: los árboles de decisión son un algoritmo simple pero poderoso que se utiliza para tareas de clasificación y regresión. Un árbol de decisión divide los datos en subconjuntos según los valores de las características, lo que crea una estructura de decisiones y resultados similar a un árbol. Cada nodo del árbol representa una decisión basada en una característica y cada rama representa un resultado. Los árboles de decisión son interpretables y se pueden utilizar para comprender cómo los sistemas de IA toman decisiones en función de diferentes entradas.

3. Máquinas de vectores de soporte (SVM): las máquinas de vectores de soporte son un algoritmo de aprendizaje supervisado que se utiliza para tareas de clasificación y regresión. Las SVM encuentran el hiperplano óptimo que separa las diferentes clases en el espacio de características. El objetivo es maximizar el margen entre las clases, lo que garantiza que el clasificador funcione bien tanto con los datos de entrenamiento como con los de prueba. Las SVM son

eficaces para tareas en las que los datos no se pueden separar de forma lineal.

4. Vecinos más cercanos (KNN): Vecinos más cercanos es un algoritmo no paramétrico que se utiliza para tareas de clasificación y regresión. El algoritmo asigna una clase o valor a un punto de datos en función de las clases o valores de sus vecinos más cercanos. KNN es fácil de implementar y puede ser eficaz para conjuntos de datos pequeños, pero puede resultar costoso en términos computacionales para conjuntos de datos grandes.

5. Gradient Boosting: el gradient boosting es un método de aprendizaje conjunto que combina múltiples modelos débiles (por ejemplo, árboles de decisión) para crear un modelo fuerte. El algoritmo agrega iterativamente nuevos modelos para corregir los errores de los modelos anteriores, optimizando así el rendimiento general. El gradient boosting es conocido por su alta precisión y se utiliza en diversas aplicaciones, incluidas la clasificación y la regresión.

6. Algoritmos de agrupamiento: los algoritmos de agrupamiento agrupan puntos de datos similares en función de sus características. Los algoritmos de agrupamiento más comunes incluyen K-Means, agrupamiento jerárquico y DBSCAN. El

agrupamiento se utiliza para tareas como la segmentación de clientes, la detección de anomalías y el reconocimiento de patrones. Estos algoritmos permiten que los sistemas de IA identifiquen agrupaciones y relaciones naturales dentro de los datos.

7. Procesamiento del lenguaje natural (PLN): el procesamiento del lenguaje natural es un subcampo de la IA centrado en la interacción entre las computadoras y el lenguaje humano. Los algoritmos de PLN permiten que los sistemas de IA comprendan, generen y manipulen el lenguaje natural. Se utilizan técnicas como la tokenización, el reconocimiento de entidades con nombre y el análisis de sentimientos para procesar y analizar datos de texto. El PLN es crucial para aplicaciones como los chatbots, la traducción de idiomas y el resumen de textos.

8. Redes generativas antagónicas (GAN): las redes generativas antagónicas son una clase de algoritmos de aprendizaje profundo que se utilizan para generar nuevas muestras de datos que se asemejan a un conjunto de datos determinado. Las GAN constan de dos redes neuronales (un generador y un discriminador) que compiten entre sí. El generador

crea muestras de datos sintéticos, mientras que el discriminador evalúa su autenticidad. Las GAN se utilizan para tareas como la generación de imágenes, la ampliación de datos y la generación de contenido creativo.

LA CIENCIA DE LA TOMA DE DECISIONES MEDIANTE IA

Los sistemas de inteligencia artificial (IA) han revolucionado la forma en que se toman decisiones en diversos ámbitos. Desde los vehículos autónomos hasta los sistemas de recomendación, comprender cómo los sistemas de IA procesan la información y toman decisiones es fundamental para desarrollar tecnologías eficaces y fiables. Esta sección profundiza en la ciencia de la toma de decisiones mediante IA, incluidos los mecanismos detrás de los procesos de toma de decisiones, el papel del aprendizaje por refuerzo y las aplicaciones en el mundo real.

Cómo los sistemas de IA procesan la información y toman decisiones

Los sistemas de IA procesan información y toman decisiones mediante una combinación de algoritmos, datos y técnicas computacionales. El proceso de toma de decisiones generalmente implica los siguientes pasos:

1. Recopilación y preprocesamiento de datos: los sistemas de IA comienzan recopilando y preprocesando datos, que sirven como base para la toma de decisiones. La recopilación de datos implica

reunir datos sin procesar de varias fuentes, como sensores, entradas de usuarios o bases de datos. El preprocesamiento incluye la limpieza, la transformación y la normalización de los datos para que sean adecuados para el análisis. Por ejemplo, en el reconocimiento de imágenes, el preprocesamiento puede implicar cambiar el tamaño de las imágenes y ajustar los valores de color.

2. Extracción de características: la extracción de características implica identificar y seleccionar características o atributos relevantes de los datos que son importantes para tomar decisiones. Por ejemplo, en el procesamiento del lenguaje natural (PLN), la extracción de características puede implicar la identificación de palabras clave o frases a partir de datos de texto. En el reconocimiento de imágenes, las características pueden incluir bordes, texturas o formas.

3. Entrenamiento del modelo: el sistema de IA utiliza los datos preprocesados y las características extraídas para entrenar un modelo. Durante el entrenamiento, el modelo aprende patrones y relaciones dentro de los datos mediante algoritmos como redes neuronales, árboles de decisión o máquinas de vectores de soporte. El objetivo es desarrollar un modelo que

pueda realizar predicciones o clasificaciones precisas basadas en datos nuevos e inéditos.

4. Toma de decisiones: una vez entrenado, el modelo de IA procesa nuevas entradas y toma decisiones basadas en los patrones aprendidos. Este paso implica aplicar el modelo a datos en tiempo real para generar resultados o predicciones. Por ejemplo, un sistema de recomendaciones podría sugerir productos en función de las preferencias del usuario, mientras que un vehículo autónomo podría decidir la mejor ruta a seguir en función de los datos de los sensores.

5. Evaluación y retroalimentación: después de tomar decisiones, los sistemas de IA se evalúan en función de su rendimiento y precisión. Se recopilan comentarios para evaluar en qué medida las decisiones del sistema se alinean con los resultados deseados. Estos comentarios se pueden utilizar para ajustar el modelo, mejorar su precisión y adaptarse a las condiciones cambiantes.

Los procesos de toma de decisiones de la IA se basan en algoritmos sofisticados y técnicas computacionales para analizar datos y generar información. Comprender estos procesos es esencial para desarrollar sistemas de IA que sean precisos, confiables y capaces de manejar tareas complejas.

El aprendizaje por refuerzo y su papel en la formación del comportamiento

El aprendizaje por refuerzo (RL) es una técnica clave en IA que desempeña un papel crucial en la formación de la conducta. A diferencia del aprendizaje supervisado, que se basa en datos etiquetados, el aprendizaje por refuerzo implica entrenar a un agente para que tome decisiones en función de las interacciones con su entorno. El agente aprende a través de un proceso de prueba y error, recibiendo recompensas o penalizaciones en función de sus acciones.

1. Conceptos básicos del aprendizaje por refuerzo: El aprendizaje por refuerzo se basa en el concepto de un agente que interactúa con un entorno para alcanzar objetivos específicos. El agente realiza acciones dentro del entorno y recibe retroalimentación en forma de recompensas o penalizaciones. El objetivo es aprender una política, una estrategia para seleccionar acciones que maximicen las recompensas acumuladas a lo largo del tiempo.

- Agente: Entidad que toma decisiones y realiza acciones dentro del entorno.

- Entorno: El contexto externo en el que el agente opera e interactúa.

- Acción: Las elecciones o comportamientos que el agente puede adoptar.

- Recompensa: La retroalimentación recibida del entorno en función de las acciones del agente.

- Política: La estrategia o mapeo de estados a acciones que el agente utiliza para tomar decisiones.

- Función de valor: una función que estima la recompensa acumulativa esperada para un estado o acción determinados.

2. Exploración vs. Explotación: Uno de los desafíos clave en el aprendizaje de refuerzo es equilibrar la exploración y

Explotación. La exploración implica probar nuevas acciones para descubrir sus efectos, mientras que la explotación implica aprovechar acciones conocidas que anteriormente han producido grandes beneficios. Lograr el equilibrio adecuado es crucial para un aprendizaje y una toma de decisiones eficaces.

3. Q-Learning: Q-learning es un algoritmo de aprendizaje de refuerzo popular que se utiliza para aprender el valor de las acciones en diferentes estados. El algoritmo mantiene una tabla Q, donde cada entrada representa la recompensa esperada por realizar una acción particular en cada estado. El agente actualiza los valores Q en función de la retroalimentación que recibe del entorno y aprende gradualmente la política óptima.

4. Aprendizaje por refuerzo profundo: el aprendizaje por refuerzo profundo combina el aprendizaje por refuerzo con técnicas de aprendizaje profundo para manejar entornos complejos con espacios de acción y estados de alta dimensión. Las redes Q profundas (DQN) son un ejemplo de este enfoque, en el que se utilizan redes neuronales para aproximar los valores Q. Esta técnica se ha aplicado con éxito a tareas como jugar juegos de Atari y controlar sistemas robóticos.

5. Aplicaciones del aprendizaje por refuerzo: el aprendizaje por refuerzo se ha aplicado a diversos escenarios del mundo real, como la robótica, los juegos y las finanzas. Por ejemplo, el aprendizaje por refuerzo se ha utilizado para entrenar a robots para que realicen tareas como agarrar objetos y navegar por entornos. En el ámbito de los juegos, el aprendizaje por refuerzo ha logrado un rendimiento sobrehumano en juegos como AlphaGo. y Dota 2. En finanzas, RL se utiliza para el comercio algorítmico y la optimización de carteras.

El aprendizaje por refuerzo proporciona un marco para desarrollar sistemas de IA que puedan aprender y adaptar su comportamiento en función de las interacciones con su entorno. Al aprovechar las recompensas y la retroalimentación, el aprendizaje por refuerzo permite que los sistemas desarrollen comportamientos complejos y tomen decisiones que maximicen los beneficios a largo plazo.

Estudios de casos de toma de decisiones con IA en aplicaciones del mundo real

1. Vehículos autónomos: Los vehículos autónomos dependen de la toma de decisiones de la IA para navegar por las carreteras, evitar obstáculos y tomar decisiones de conducción. Estos vehículos utilizan una combinación de sensores, cámaras y algoritmos de IA para procesar datos en tiempo real y tomar decisiones sobre la velocidad, los cambios de carril y el frenado. Por ejemplo, el sistema de piloto automático de Tesla utiliza algoritmos de aprendizaje profundo para interpretar los datos de los sensores y tomar decisiones de conducción, lo que permite que el vehículo funcione de forma autónoma en determinadas condiciones.

2. Sistemas de recomendación: Los sistemas de recomendación, como los que utilizan Netflix y Amazon, emplean la toma de decisiones de IA para sugerir productos o contenidos en función de las preferencias y los comportamientos de los usuarios. Estos sistemas analizan datos históricos

Datos, interacciones de los usuarios e información contextual para generar recomendaciones personalizadas. Por ejemplo, Netflix utiliza filtros colaborativos y métodos basados en contenido para recomendar películas y programas de televisión a los usuarios, mejorando así su experiencia de visualización.

3. Diagnóstico sanitario: la toma de decisiones con IA se utiliza cada vez más en el diagnóstico sanitario para ayudar a detectar enfermedades y recomendar tratamientos. Por ejemplo, los algoritmos de IA analizan imágenes médicas, como radiografías y resonancias magnéticas, para identificar anomalías y diagnosticar enfermedades. Watson for Oncology de IBM utiliza IA para analizar datos de pacientes y recomendar opciones de tratamiento basadas en las últimas investigaciones y directrices clínicas.

4. Detección de fraudes: las instituciones financieras utilizan sistemas de inteligencia artificial para detectar y prevenir actividades fraudulentas. Estos sistemas analizan patrones de transacciones, comportamiento de los usuarios y datos históricos para identificar anomalías y posibles fraudes. Por ejemplo, las compañías de tarjetas de crédito utilizan algoritmos de aprendizaje automático para marcar transacciones sospechosas y evitar cargos fraudulentos.

5. Chatbots de atención al cliente: Los chatbots con tecnología de IA se utilizan en el servicio de atención al cliente para proporcionar respuestas automáticas a las consultas de los clientes y resolver problemas. Estos chatbots

utilizan el procesamiento del lenguaje natural (PLN) y la inteligencia artificial.

algoritmos de aprendizaje para comprender las consultas de los usuarios y generar respuestas adecuadas. Por ejemplo, empresas como H&M y Sephora utilizan chatbots para ayudar a los clientes con recomendaciones de productos y seguimiento de pedidos.

EL PAPEL DE LOS DATOS EN LA CONFIGURACIÓN DEL COMPORTAMIENTO DE LA IA

Los datos desempeñan un papel fundamental en la configuración del comportamiento de la IA. La calidad, la cantidad y la diversidad de los datos afectan directamente la forma en que los sistemas de IA aprenden, toman decisiones y exhiben comportamientos. Esta sección explora el papel de los datos en la IA, incluida la IA basada en datos, el sesgo en los datos y la garantía de comportamientos de IA éticos e imparciales.

Inteligencia artificial basada en datos: de datos sin procesar a patrones de comportamiento

1. Recopilación de datos: la recopilación de datos implica la recopilación de datos sin procesar de diversas fuentes, como sensores, interacciones de usuarios y bases de datos. La calidad de los datos recopilados afecta el rendimiento y la precisión de los sistemas de IA. Por ejemplo, en el reconocimiento de imágenes, las imágenes de alta resolución con etiquetas claras contribuyen a un mejor rendimiento del modelo.

2. Preprocesamiento de datos: el preprocesamiento de datos implica limpiar, transformar y normalizar los datos sin procesar para que sean adecuados para el análisis. Este paso incluye el manejo de valores faltantes, la eliminación de ruido y el escalado de características. Un preprocesamiento adecuado garantiza que los datos sean precisos y consistentes, lo cual es crucial para entrenar modelos de IA eficaces.

3. Ingeniería de características: la ingeniería de características es el proceso de selección y creación de características relevantes a partir de datos sin procesar. Las características son los atributos o características que utilizan los modelos de IA para tomar decisiones. Por ejemplo, en el análisis predictivo, las características pueden incluir datos demográficos de los clientes, historial de transacciones y métricas de comportamiento. Una ingeniería de características eficaz mejora la capacidad del modelo para aprender y hacer predicciones precisas.

4. Entrenamiento de modelos: durante el entrenamiento de modelos, los sistemas de IA aprenden de los datos preprocesados y las características extraídas para desarrollar patrones y relaciones. La calidad de los datos influye directamente en la capacidad del modelo para generalizar y tomar decisiones precisas. Por ejemplo, un sistema de

recomendaciones entrenado en diversas preferencias de los usuarios puede proporcionar sugerencias más personalizadas.

5. Patrones de comportamiento: los sistemas de IA presentan patrones de comportamiento basados en los datos que procesan y los modelos que utilizan. Estos patrones pueden incluir procesos de toma de decisiones, comportamientos de respuesta e interacciones con los usuarios. Por ejemplo, el comportamiento de un chatbot al responder a las consultas de los clientes está determinado por los datos con los que fue entrenado y los algoritmos que emplea.

La IA basada en datos permite que los sistemas aprendan de los datos, se adapten a nueva información y desarrollen comportamientos complejos.

Al aprovechar los datos, los sistemas de IA pueden tomar decisiones informadas y proporcionar información valiosa en diversas aplicaciones.

Sesgo en los datos y su impacto en el comportamiento de la IA

1. Tipos de sesgo: el sesgo en los datos puede surgir de diversas fuentes, incluidos los sesgos de muestreo, los errores de medición y los sesgos históricos. Los sesgos de muestreo se producen cuando los datos recopilados no son representativos de toda la población. Los errores de medición

implican imprecisiones en el registro o el etiquetado de los datos. Los sesgos históricos reflejan desigualdades sociales y prejuicios presentes en los datos históricos.

2. Impacto en el comportamiento de la IA: el sesgo en los datos puede generar un comportamiento sesgado de la IA, lo que da como resultado resultados injustos o discriminatorios. Por ejemplo, si un sistema de reconocimiento facial se entrena con rostros predominantemente masculinos, puede funcionar mal con rostros femeninos. De manera similar, los datos sesgados en los algoritmos de contratación pueden generar prácticas discriminatorias en el reclutamiento.

3. Detección y mitigación de sesgos: la detección y mitigación de sesgos implica identificar y abordar las fuentes de sesgo en los datos y los modelos de IA. Las técnicas incluyen la auditoría de conjuntos de datos para comprobar su imparcialidad, el uso de algoritmos de detección de sesgos y la implementación de restricciones de imparcialidad en los modelos. Por ejemplo, técnicas como la reponderación de datos, el sobremuestreo de grupos subrepresentados y

La aplicación de algoritmos que tengan en cuenta la imparcialidad puede ayudar a reducir el sesgo en los sistemas de IA.

4. Consideraciones éticas: abordar los sesgos en la IA es fundamental para garantizar un comportamiento ético y responsable en materia de IA. Las organizaciones deben priorizar la transparencia, la rendición de cuentas y la imparcialidad en sus sistemas de IA. Esto incluye realizar auditorías periódicas, involucrar a equipos diversos en el proceso de desarrollo y cumplir con las pautas éticas.

Cómo garantizar comportamientos de IA éticos e imparciales

1. Directrices y marcos éticos: Establecer directrices y marcos éticos es esencial para garantizar que los sistemas de IA funcionen de manera justa y responsable. Las organizaciones deben desarrollar e implementar políticas que aborden cuestiones éticas, como la privacidad, la equidad y la transparencia. Los marcos como las Directrices de ética de la IA de la Comisión Europea proporcionan principios para desarrollar sistemas de IA éticos.

2. Datos diversos e inclusivos: garantizar que los datos utilizados para entrenar sistemas de IA sean diversos e inclusivos ayuda a mitigar los sesgos y mejorar la equidad. Las

organizaciones deben esforzarse por recopilar datos de diversas fuentes y considerar diversos factores demográficos. Por ejemplo, en el ámbito de la atención médica, el uso de datos de poblaciones diversas puede conducir a diagnósticos más precisos y equitativos.

3. Transparencia y rendición de cuentas: la transparencia y la rendición de cuentas son fundamentales para generar confianza en los sistemas de IA. Las organizaciones deben proporcionar explicaciones claras sobre cómo los modelos de IA toman decisiones y divulgan información sobre los datos utilizados. Los mecanismos de rendición de cuentas, como las auditorías externas y las revisiones independientes, pueden ayudar a garantizar que los sistemas de IA cumplan con los estándares éticos.

4. Monitoreo y mejora continuos: el monitoreo y la mejora continuos son esenciales para mantener un comportamiento ético e imparcial de la IA. Las organizaciones deben evaluar periódicamente la imparcialidad, la precisión y el rendimiento de los sistemas de IA. Los comentarios de los usuarios y las partes interesadas se pueden utilizar para identificar y abordar problemas, lo que garantiza que los sistemas de IA evolucionen para cumplir con los estándares éticos.

5. Participación de las partes interesadas: la participación de las partes interesadas, incluidos los usuarios, los expertos y los responsables de las políticas, es importante para abordar un comportamiento ético e imparcial en materia de IA. La

colaboración con diversos grupos puede proporcionar información y perspectivas valiosas, lo que ayuda a desarrollar sistemas de IA que sean justos e inclusivos.

La ciencia de la toma de decisiones de la IA y el papel de los datos en la configuración del comportamiento de la IA son aspectos fundamentales del desarrollo y la implementación de sistemas de IA. Comprender cómo los sistemas de IA procesan la información, toman decisiones y aprenden de los datos proporciona información valiosa sobre sus capacidades y limitaciones. El aprendizaje por refuerzo desempeña un papel crucial en la formación del comportamiento, lo que permite que los sistemas de IA se adapten y mejoren sus procesos de toma de decisiones.

PARTE 2: PATRONES DE COMPORTAMIENTO DE LA IA EN ACCIÓN

Reconocimiento de patrones e inteligencia artificial: los elementos básicos

El reconocimiento de patrones es un aspecto fundamental de la IA, ya que permite a los sistemas identificar e interpretar patrones en grandes cantidades de datos. Esta capacidad sustenta muchas aplicaciones de IA y es fundamental para el avance de la tecnología de IA.

Cómo la IA identifica patrones en grandes conjuntos de datos

El reconocimiento de patrones en IA implica el análisis de grandes conjuntos de datos para identificar regularidades, tendencias y anomalías. El proceso suele seguir estos pasos:

1. Recopilación y preprocesamiento de datos: los sistemas de IA comienzan recopilando grandes volúmenes de datos, que pueden incluir texto, imágenes, audio y datos de sensores. Estos datos sin procesar suelen requerir un preprocesamiento para limpiarlos, normalizarlos y formatearlos para su análisis. Para preparar los datos se emplean técnicas

como el filtrado de datos, la reducción de ruido y la extracción de características.
2. Extracción de características: la extracción de características implica identificar los aspectos más relevantes de los datos que ayudarán en el reconocimiento de patrones. En el procesamiento de imágenes, las características pueden incluir bordes, texturas o colores. En el análisis de texto, las características pueden incluir palabras clave, estructuras sintácticas o significados semánticos.
3. Algoritmos de detección de patrones: la IA utiliza varios algoritmos para detectar patrones dentro de los datos:
    - Algoritmos de clasificación: estos algoritmos asignan datos a categorías predefinidas en función de patrones identificados en los datos de entrenamiento. Los algoritmos de clasificación más comunes incluyen árboles de decisión, máquinas de vectores de soporte (SVM) y redes neuronales.
    - Algoritmos de agrupamiento: los algoritmos de agrupamiento agrupan puntos de datos similares en función de sus características. El agrupamiento de K-medias y el agrupamiento jerárquico son métodos populares que se utilizan para identificar agrupaciones naturales dentro de los datos.
    - Aprendizaje de reglas de asociación: esta técnica descubre relaciones entre variables en grandes conjuntos de datos. Por ejemplo, en el análisis de la cesta de la compra, el aprendizaje de reglas de asociación puede

revelar qué productos se compran juntos con frecuencia.
4. Entrenamiento y evaluación del modelo: una vez aplicados los algoritmos de detección de patrones, el modelo de IA se entrena utilizando datos etiquetados. El rendimiento del modelo se evalúa utilizando métricas como exactitud, precisión, recuperación y puntuación F1. El refinamiento y ajuste continuos del modelo ayudan a mejorar sus capacidades de reconocimiento de patrones.
5. Estudio de caso: Reconocimiento de imágenes con redes neuronales convolucionales (CNN) Las redes neuronales convolucionales (CNN) son una clase de algoritmos de aprendizaje profundo diseñados específicamente para tareas de reconocimiento de imágenes. Las CNN utilizan capas convolucionales para extraer automáticamente características de las imágenes y agrupar capas para
6. Reducir la dimensionalidad. Esta arquitectura permite que las CNN reconozcan patrones complejos en datos visuales. Por ejemplo, el proyecto DeepDream de Google utiliza CNN para mejorar y visualizar patrones en imágenes. Al entrenarse con grandes conjuntos de datos de imágenes, la red neuronal de DeepDream puede identificar y amplificar patrones, lo que produce imágenes visualmente impactantes y, a veces, surrealistas.

Aplicaciones en reconocimiento de imágenes, procesamiento del lenguaje y más

El reconocimiento de patrones es fundamental en una amplia gama de aplicaciones de IA, desde el reconocimiento de imágenes hasta el procesamiento del lenguaje y más.

Reconocimiento de imágenes: los sistemas de IA utilizan el reconocimiento de patrones para identificar objetos, rostros y escenas en imágenes. Las aplicaciones incluyen:

- Reconocimiento facial: utilizado en sistemas de seguridad, plataformas de redes sociales y desbloqueo de teléfonos inteligentes, el reconocimiento facial identifica a las personas en función de características faciales únicas.
- Imágenes médicas: la IA analiza imágenes médicas, como radiografías y resonancias magnéticas, para detectar anomalías y ayudar en el diagnóstico. Por ejemplo, los sistemas de IA pueden identificar signos de cáncer o fracturas con gran precisión.

Procesamiento del lenguaje: el procesamiento del lenguaje natural (PLN) aprovecha el reconocimiento de patrones para comprender y generar lenguaje humano. Entre sus principales aplicaciones se incluyen:

- Traducción automática: los sistemas de inteligencia artificial traducen texto entre idiomas al reconocer patrones en la sintaxis y la semántica del lenguaje. Google Translate es un ejemplo destacado de esta aplicación.

- Reconocimiento de voz: sistemas como Siri y Google Assistant utilizan el reconocimiento de patrones para convertir el lenguaje hablado en texto y comprender los comandos del usuario.

Análisis financiero: en el ámbito financiero, la IA utiliza el reconocimiento de patrones para analizar las tendencias del mercado, predecir los precios de las acciones y detectar actividades fraudulentas. Por ejemplo, los algoritmos de IA pueden identificar patrones en los datos comerciales para pronosticar los movimientos del mercado o detectar irregularidades que indiquen fraude.

Diagnóstico sanitario: los sistemas de IA analizan patrones en los datos de los pacientes para diagnosticar enfermedades y recomendar tratamientos. Por ejemplo, los modelos predictivos pueden identificar patrones en los síntomas y el historial médico de los pacientes para sugerir posibles diagnósticos.

Caso práctico: IBM Watson para el sector sanitario

IBM Watson for Healthcare aplica el reconocimiento de patrones para analizar grandes cantidades de literatura médica y datos de pacientes. El sistema identifica patrones relacionados con enfermedades, tratamientos y resultados de los pacientes, lo que ayuda a los médicos a tomar decisiones informadas. Watson for Healthcare se ha utilizado para analizar casos de cáncer, lo que ayuda a los oncólogos a elegir planes de tratamiento personalizados en función de los patrones identificados en los datos de los pacientes.

El futuro del reconocimiento de patrones en la evolución de la IA

El futuro del reconocimiento de patrones en IA probablemente implicará avances en tecnología y metodologías, mejorando las capacidades y aplicaciones de los sistemas de IA.

Algoritmos avanzados: se espera que los algoritmos emergentes, como los transformadores y los mecanismos de atención, mejoren el reconocimiento de patrones en varios dominios. Estos algoritmos mejoran la capacidad de los sistemas de IA para manejar datos complejos y de gran escala.

Integración con otras tecnologías: la integración del reconocimiento de patrones con otras tecnologías, como la realidad aumentada (RA) y la realidad virtual (RV), creará nuevas aplicaciones y experiencias. Por ejemplo, las aplicaciones de RA podrían utilizar el reconocimiento de patrones para superponer información contextual sobre objetos del mundo real.

IA explicable: a medida que los sistemas de IA se vuelvan más complejos, habrá un énfasis creciente en la IA explicable (XAI). La IA explicable tiene como objetivo hacer que el proceso de toma de decisiones de los sistemas de IA sea transparente y comprensible, ayudando a los usuarios a confiar e interpretar los resultados del reconocimiento de patrones.

Consideraciones éticas: El futuro del reconocimiento de patrones también abordará cuestiones éticas, como la privacidad y los prejuicios. Garantizar que los sistemas de IA respeten la privacidad del usuario y tomen decisiones imparciales será fundamental para su adopción y aceptación.

LA IA EN EL MODELADO DEL COMPORTAMIENTO HUMANO

La capacidad de la IA para modelar el comportamiento humano tiene implicaciones significativas para diversas industrias, desde el marketing hasta la atención médica y la seguridad. Comprender y predecir el comportamiento humano es crucial para diseñar sistemas y aplicaciones de IA eficaces.

Cómo la IA modela el comportamiento humano: de la imitación a la predicción

La IA modela el comportamiento humano mediante una combinación de análisis de datos, reconocimiento de patrones y simulaciones de comportamiento. El proceso implica:

- Imitación del comportamiento: los modelos de IA iniciales suelen imitar el comportamiento humano basándose en datos históricos y reglas predefinidas. Por ejemplo, los chatbots pueden utilizar respuestas programadas para simular patrones de conversación humanos.
- Modelado predictivo: los modelos de IA avanzados utilizan técnicas estadísticas y de aprendizaje automático para predecir comportamientos futuros en función de datos históricos. Los modelos predictivos analizan patrones de comportamiento pasados para

pronosticar acciones futuras, como decisiones de compra de los consumidores o resultados de salud.
- Simulaciones de comportamiento: algunos sistemas de IA simulan el comportamiento humano mediante la creación de representaciones digitales de individuos o grupos. Estas simulaciones se pueden utilizar para la formación, la investigación y la toma de decisiones. Por ejemplo, los humanos virtuales controlados por IA se utilizan en Simulaciones de entrenamiento para replicar interacciones del mundo real.

Estudio de caso: Segmentación de clientes en marketing La segmentación de clientes impulsada por IA implica analizar los patrones de comportamiento de los consumidores para identificar grupos distintos con características similares. Esta segmentación permite a las empresas adaptar las estrategias de marketing y las ofertas a segmentos de clientes específicos. Por ejemplo, los modelos de IA pueden segmentar a los clientes en función del historial de compras, el comportamiento de navegación y la información demográfica, lo que permite realizar campañas de marketing específicas y recomendaciones personalizadas.

Casos de uso en marketing, atención médica y seguridad

El modelado de IA del comportamiento humano tiene aplicaciones prácticas en varios dominios:
- Marketing:
Publicidad dirigida: los modelos de IA analizan el comportamiento de los consumidores para ofrecer

anuncios personalizados. Al comprender las preferencias y los comportamientos de los usuarios, las empresas pueden crear campañas publicitarias dirigidas a audiencias específicas.
Experiencia del cliente: los sistemas de IA utilizan modelos de comportamiento para mejorar las experiencias del cliente. Por ejemplo, los motores de recomendación sugieren productos en función de compras anteriores y del historial de navegación.

- Cuidado de la salud:
Medicina personalizada: los modelos de IA predicen las respuestas de los pacientes a los tratamientos basándose en datos históricos e información genética. Los enfoques de la medicina personalizada adaptan los tratamientos a cada paciente, mejorando los resultados.
Monitoreo del paciente: Los sistemas de IA analizan el comportamiento del paciente y los datos de salud para detectar signos tempranos de deterioro o incumplimiento de los planes de tratamiento.

- Seguridad:
Detección de fraudes: los modelos de IA identifican patrones inusuales en las transacciones financieras para detectar actividades fraudulentas. Al analizar los datos de las transacciones y el comportamiento de los usuarios, los sistemas de IA pueden detectar comportamientos sospechosos y prevenir fraudes.
Vigilancia: Los sistemas de vigilancia basados en IA utilizan modelos de comportamiento para identificar posibles amenazas a la seguridad. Estos sistemas analizan patrones en secuencias de video y datos de sensores para detectar actividades inusuales.

Caso práctico: análisis predictivo en el ámbito sanitario El análisis predictivo en el ámbito sanitario utiliza la IA para pronosticar los resultados de los pacientes y optimizar los planes de tratamiento. Por ejemplo, los modelos de IA analizan los datos de los pacientes para predecir la probabilidad de readmisión tras una cirugía. Esta información ayuda a los proveedores de atención sanitaria a intervenir de forma temprana y reducir las tasas de readmisión.

Consideraciones éticas en el modelado del comportamiento impulsado por IA

Modelar el comportamiento humano con IA plantea varias consideraciones éticas, incluidas la privacidad, los prejuicios y la transparencia.

Privacidad: Los sistemas de IA que modelan el comportamiento humano a menudo requieren acceso a datos personales y confidenciales. Es esencial garantizar que los datos se recopilen, almacenen y utilicen de conformidad con las normas de privacidad. Los usuarios deben estar informados sobre cómo se utilizan sus datos y tener control sobre el acceso a ellos.

Sesgo: los modelos de IA pueden perpetuar o amplificar los sesgos existentes si se los entrena con datos sesgados. Es fundamental abordar el sesgo en los sistemas de IA para garantizar resultados justos y equitativos. Las técnicas como la detección y corrección de sesgos, así como la recopilación de datos diversos, pueden ayudar a mitigar el sesgo.

Transparencia: la transparencia en el modelado del comportamiento de la IA implica hacer que el proceso de toma de decisiones sea comprensible e interpretable. Los usuarios deben poder comprender cómo los modelos de IA realizan predicciones y recomendaciones, lo que fomenta la confianza y la responsabilidad.

Caso práctico: sesgo en los algoritmos de contratación

Los algoritmos de contratación que se utilizan para el reclutamiento y la selección pueden presentar sesgos basados en el género, la etnia u otros factores. Para abordar estos sesgos es necesario implementar auditorías de imparcialidad, utilizar datos de capacitación diversos y garantizar que las prácticas de contratación sean equitativas.

INTELIGENCIA ARTIFICIAL SOCIAL: CÓMO NAVEGAR POR LAS INTERACCIONES Y LAS RELACIONES

La IA social se refiere a los sistemas de IA diseñados para interactuar con humanos en un

De manera socialmente consciente. Estos sistemas tienen como objetivo comprender y responder a las emociones humanas, los estilos de comunicación y los contextos sociales.

El papel de la IA en las interacciones sociales y la comunicación

La IA desempeña un papel importante en las interacciones sociales, ya que facilita la comunicación y mejora las experiencias de los usuarios. Las áreas clave incluyen:

Asistentes virtuales: los asistentes virtuales como Siri, Alexa y Google Assistant utilizan inteligencia artificial para comprender y responder a las consultas de los usuarios. Estos asistentes brindan información, realizan tareas y participan en conversaciones, lo que mejora la comodidad y la accesibilidad del usuario.

Redes sociales: los algoritmos de inteligencia artificial seleccionan contenido y recomiendan publicaciones en función de las interacciones y preferencias de los usuarios. Estos algoritmos analizan el comportamiento en las redes sociales para ofrecer contenido relevante y atractivo a los usuarios.

Reconocimiento de emociones: los sistemas de IA pueden analizar expresiones faciales, tono de voz y lenguaje corporal para reconocer

Emociones. El reconocimiento de emociones mejora las interacciones al permitir que la IA responda de manera empática y apropiada. Caso práctico: Replika – Compañero de IA Replika es un chatbot impulsado por IA diseñado para brindar apoyo emocional y compañía. El sistema utiliza procesamiento de lenguaje natural y aprendizaje automático para entablar conversaciones significativas y ofrecer respuestas personalizadas basadas en las interacciones del usuario.

Asistentes virtuales y el auge de la inteligencia artificial social

El desarrollo de la inteligencia artificial socialmente inteligente tiene como objetivo crear sistemas que comprendan y naveguen por dinámicas sociales complejas. Los aspectos clave incluyen:

IA conversacional: los sistemas de IA conversacional están diseñados para entablar diálogos naturales y coherentes con los usuarios. Estos sistemas utilizan modelos de lenguaje avanzados para generar respuestas contextualmente apropiadas y mantener el flujo de la conversación.

Personalización: los sistemas de inteligencia artificial con inteligencia social personalizan las interacciones en función de las preferencias, el historial y el contexto del usuario. Esta personalización mejora la experiencia del usuario al adaptar las respuestas y recomendaciones a las necesidades individuales.

Comportamiento adaptativo: los sistemas de IA adaptan su comportamiento en función de los comentarios y las interacciones de los usuarios. Por ejemplo, los asistentes virtuales pueden ajustar su tono, lenguaje y estilo en función de las preferencias y las señales emocionales del usuario.

Caso práctico: Cortana de Microsoft: Cortana de Microsoft es un asistente virtual que se integra con los servicios y dispositivos de Microsoft. Las capacidades conversacionales de Cortana incluyen la configuración

recordatorios, responder preguntas y brindar recomendaciones. El asistente se adapta a las preferencias del usuario y aprende de las interacciones para mejorar sus respuestas con el tiempo.

Desafíos y oportunidades en la creación de una IA con conciencia social

La creación de una IA con conciencia social presenta tanto desafíos como oportunidades:

Desafíos:

- Sensibilidad cultural: los sistemas de IA deben adaptarse a las diferencias culturales y las normas sociales. Garantizar que las interacciones de IA sean culturalmente apropiadas y respetuosas es esencial para su adopción global.

- Preocupaciones sobre la privacidad: los sistemas de inteligencia artificial con conciencia social pueden recopilar información confidencial sobre los usuarios. Es fundamental equilibrar la personalización con las consideraciones de privacidad para mantener la confianza de los usuarios.

- Sesgo y equidad: garantizar que los sistemas de IA traten a todos los usuarios de manera justa y sin sesgos es un desafío importante. Abordar el sesgo en la IA social implica la recopilación de datos diversos y pruebas rigurosas.

Oportunidades:

- Experiencia de usuario mejorada: la IA con conciencia social puede proporcionar interacciones más atractivas y satisfactorias al comprender las necesidades y preferencias del usuario.

- Accesibilidad mejorada: los sistemas de IA pueden mejorar la accesibilidad para las personas con discapacidades al brindarles herramientas de comunicación y apoyo personalizadas.

- Apoyo empático: la IA puede ofrecer apoyo emocional y compañía, especialmente a las personas que experimentan soledad o problemas de salud mental.

Caso práctico: Woebot, un chatbot de salud mental

Woebot es un chatbot diseñado para brindar apoyo en materia de salud mental y terapia cognitivo conductual (TCC). El sistema de IA entabla conversaciones con los usuarios para ayudarlos a controlar el estrés y la ansiedad. Mediante el uso de técnicas terapéuticas basadas en evidencia, Woebot ofrece un apoyo accesible y empático.

LA IA Y LA ECONOMÍA DEL COMPORTAMIENTO

La IA se relaciona con la economía del comportamiento al analizar y predecir el comportamiento económico basándose en conocimientos psicológicos y enfoques basados en datos.

La intersección de la IA y el comportamiento económico

La IA mejora la economía conductual al proporcionar herramientas y métodos para comprender y predecir el comportamiento económico. Las áreas clave incluyen:

Análisis del comportamiento del consumidor: los modelos de IA analizan el comportamiento del consumidor para identificar patrones y preferencias. Este análisis ayuda a las empresas a adaptar las estrategias de marketing, optimizar los precios y mejorar la oferta de productos.

Predicción de tendencias del mercado: los sistemas de inteligencia artificial predicen las tendencias del mercado mediante el análisis de indicadores económicos, datos del mercado y el comportamiento de los consumidores. Estas predicciones ayudan a los inversores, las empresas y los responsables de las políticas a tomar decisiones informadas.

Perspectivas del comportamiento: la IA proporciona información sobre cómo los factores psicológicos influyen en las decisiones económicas. Por ejemplo, los modelos de IA pueden identificar cómo los sesgos, la heurística y las emociones afectan las decisiones de los consumidores.

Caso práctico: Recomendaciones personalizadas de Amazon
El motor de recomendaciones de Amazon utiliza IA para analizar el comportamiento y las preferencias de los consumidores.

Recomendaciones de productos personalizadas basadas en el historial de navegación, los patrones de compra y las interacciones del usuario. Esta personalización impulsa las ventas y mejora la experiencia de compra.

Predecir el comportamiento del consumidor con IA

La IA predice el comportamiento del consumidor analizando datos históricos e identificando tendencias y patrones. Los métodos clave incluyen:

Análisis predictivo: el análisis predictivo utiliza algoritmos de aprendizaje automático para pronosticar el comportamiento futuro de los consumidores basándose en datos pasados. Por ejemplo, los modelos de IA predicen qué productos es probable que compre un cliente en función de su historial de navegación y patrones de compra.

Segmentación y selección de clientes: la IA segmenta a los consumidores en grupos distintos según su comportamiento, datos demográficos y preferencias. Esta segmentación permite realizar marketing dirigido y ofrecer ofertas personalizadas que resuenen en segmentos de clientes específicos.

Análisis de sentimientos: el análisis de sentimientos implica analizar las redes sociales y las reseñas en línea para evaluar el sentimiento y las opiniones de los consumidores. Los modelos de IA identifican sentimientos positivos, negativos y neutrales, lo que brinda información sobre las percepciones y preferencias de los consumidores.

Estudio de caso: Recomendaciones de contenido de Netflix

Netflix utiliza inteligencia artificial para recomendar películas y programas de televisión según las preferencias del usuario y su historial de visualización. El motor de recomendaciones analiza patrones en el comportamiento del usuario, como el tiempo de visualización y las calificaciones, para sugerir contenido relevante.

Este enfoque personalizado mejora la satisfacción y la participación del usuario.

Cómo la IA está transformando los mercados financieros y las tendencias de consumo

La IA está revolucionando los mercados financieros y las tendencias de consumo al proporcionar herramientas y conocimientos avanzados para la toma de decisiones y el análisis.

Trading algorítmico: el trading algorítmico impulsado por IA utiliza algoritmos de aprendizaje automático para ejecutar operaciones basadas en datos del mercado en tiempo real. Estos algoritmos analizan las tendencias del mercado, ejecutan operaciones en momentos óptimos y minimizan la intervención humana.

Detección y prevención de fraudes: los sistemas de inteligencia artificial detectan y previenen el fraude financiero mediante el análisis de patrones de transacciones e identificación de anomalías. Los modelos de aprendizaje automático identifican actividades sospechosas y señalan posibles fraudes, lo que mejora la seguridad y reduce las pérdidas financieras.

Análisis de tendencias de consumo: la IA analiza las tendencias de consumo examinando datos de diversas fuentes, como redes sociales, reseñas en línea e historial de compras. Este análisis ayuda a las empresas a identificar tendencias emergentes, comprender las preferencias de los consumidores y adaptar sus estrategias.

Caso práctico: la plataforma COiN de JPMorgan Chase

COiN (Contract Intelligence) de JPMorgan Chase utiliza inteligencia artificial para analizar documentos legales y contratos. La plataforma extrae información clave e identifica posibles cuestiones, agilizando los procesos legales y reduciendo el tiempo de revisión manual.

PARTE 3: CONCEPTOS AVANZADOS Y DIRECCIONES FUTURAS

Adaptación del comportamiento: la IA aprende de su entorno

La inteligencia artificial (IA) se caracteriza cada vez más por su capacidad de adaptarse y evolucionar en función de las interacciones con su entorno. Esta capacidad es esencial para los sistemas de IA que operan en entornos dinámicos y complejos. En esta sección, exploraremos cómo evolucionan y se adaptan los sistemas de IA, el papel del aprendizaje continuo y examinaremos estudios de casos de IA adaptativa en diversos contextos.

Cómo evolucionan y se adaptan los sistemas de IA con el tiempo

Los sistemas de IA, en particular los que utilizan técnicas de aprendizaje automático y de aprendizaje por refuerzo, están diseñados para evolucionar y adaptarse mediante la interacción continua con su entorno. Esta adaptabilidad es crucial para manejar condiciones cambiantes y mejorar el rendimiento con el tiempo.

1. Procesos de aprendizaje dinámico: los sistemas de IA evolucionan a través de procesos de aprendizaje dinámico que les permiten ajustar su comportamiento en función de nuevos datos y experiencias. Por ejemplo, un sistema de recomendaciones actualiza continuamente su modelo a

medida que recibe nuevas interacciones de los usuarios, refinando sus sugerencias para que se ajusten mejor a las preferencias de los usuarios.

2. Aprendizaje incremental: el aprendizaje incremental, también conocido como aprendizaje en línea, permite que los sistemas de IA se adapten gradualmente incorporando nuevos datos sin tener que volver a entrenarlos desde cero. Este enfoque es particularmente útil en entornos donde los datos cambian constantemente. Por ejemplo, un sistema de IA utilizado en operaciones financieras puede adaptarse a las fluctuaciones del mercado aprendiendo de manera incremental a partir de datos comerciales recientes.

3. Aprendizaje por transferencia: el aprendizaje por transferencia permite a los sistemas de IA aprovechar el conocimiento adquirido en una tarea o dominio para mejorar el rendimiento en otra tarea relacionada. Esta técnica ayuda a los sistemas de IA a adaptarse a nuevos entornos de manera más eficiente aprovechando el conocimiento adquirido previamente. Por ejemplo, un modelo entrenado para el reconocimiento de imágenes en un dominio se puede adaptar para reconocer objetos en un contexto diferente mediante el aprendizaje por transferencia.

4. Algoritmos evolutivos: Los algoritmos evolutivos imitan los procesos de selección natural para hacer evolucionar los modelos de IA a lo largo del tiempo. Estos algoritmos utilizan mecanismos como la mutación, el cruce y la selección para mejorar iterativamente los modelos. Los algoritmos evolutivos se emplean en problemas de optimización en los que el espacio de búsqueda es grande y complejo, como en el

diseño de arquitecturas de redes neuronales o la optimización de hiperparámetros.

El papel del aprendizaje continuo en la configuración del comportamiento de la IA

El aprendizaje continuo es un factor fundamental para moldear el comportamiento de la IA, lo que permite que los sistemas sigan siendo relevantes y eficaces en entornos cambiantes. Este enfoque implica Actualizaciones y mejoras en los modelos de IA basados en nuevos datos y experiencias.

1. Aprendizaje en línea: los algoritmos de aprendizaje en línea procesan los datos de manera secuencial y actualizan el modelo de manera incremental a medida que llegan nuevos datos. Este enfoque permite que los sistemas de IA se adapten a nuevas tendencias y patrones sin necesidad de volver a entrenarlos por completo. Por ejemplo, un algoritmo de aprendizaje en línea puede actualizar continuamente un filtro de correo no deseado para reconocer nuevos tipos de amenazas de correo electrónico.

2. Tasas de aprendizaje adaptativas: las tasas de aprendizaje adaptativas ajustan la velocidad a la que un modelo de IA aprende a partir de nuevos datos. Esta técnica ayuda a equilibrar la necesidad de incorporar nueva información y, al mismo tiempo, retener el conocimiento aprendido previamente. Por ejemplo, las tasas de aprendizaje adaptativas se pueden utilizar en redes neuronales para garantizar que el modelo actualice sus ponderaciones de manera eficaz durante el entrenamiento.

3. Aprendizaje permanente: el aprendizaje permanente se refiere a la capacidad de los sistemas de IA de aprender y

adaptarse continuamente a lo largo de su vida útil. Este enfoque permite que los sistemas de IA acumulen conocimientos y habilidades a lo largo del tiempo, mejorando su rendimiento y versatilidad. El aprendizaje permanente es esencial para las aplicaciones en las que los sistemas de IA necesitan gestionar una amplia gama de tareas y entornos.

4. Aprendizaje autosupervisado: el aprendizaje autosupervisado implica entrenar modelos de IA utilizando datos no etiquetados mediante la generación de señales de supervisión a partir de los propios datos. Este enfoque permite que los sistemas de IA aprendan representaciones y patrones sin necesidad de disponer de grandes conjuntos de datos etiquetados. El aprendizaje autosupervisado es especialmente útil en ámbitos en los que los datos etiquetados son escasos o costosos de obtener.

Casos prácticos de IA adaptativa en entornos dinámicos

1. Vehículos autónomos: Los vehículos autónomos son ejemplos destacados de sistemas de inteligencia artificial adaptativos que funcionan en entornos dinámicos. Estos vehículos se adaptan continuamente a las condiciones cambiantes de la carretera, los patrones de tráfico y los comportamientos de los conductores. Los algoritmos y sensores avanzados permiten que los vehículos autónomos tomen decisiones en tiempo real, como ajustar la velocidad, cambiar de carril y sortear obstáculos.

2. Marketing personalizado: los sistemas de inteligencia artificial que se utilizan en el marketing personalizado se adaptan continuamente al comportamiento y las preferencias

de los usuarios. Por ejemplo, las plataformas de publicidad en línea utilizan algoritmos adaptativos para optimizar la orientación y la ubicación de los anuncios en función de las interacciones de los usuarios y las métricas de participación. Estos sistemas perfeccionan sus recomendaciones para aumentar la relevancia y la eficacia.

3. Sistemas de hogares inteligentes: los sistemas de hogares inteligentes, como los asistentes de voz y los controles automáticos del hogar, se adaptan a las rutinas y preferencias de los usuarios con el tiempo. Estos sistemas aprenden de las interacciones de los usuarios y ajustan su comportamiento para brindar experiencias más personalizadas. Por ejemplo, un termostato inteligente podría aprender las preferencias de temperatura de un hogar y ajustar la configuración de calefacción y refrigeración en consecuencia.

4. Diagnóstico médico: Los sistemas de IA utilizados en el diagnóstico médico se adaptan a los nuevos datos y a la evolución del conocimiento médico. Por ejemplo, las herramientas de diagnóstico que analizan imágenes médicas pueden mejorar su precisión a medida que procesan más imágenes y aprenden de los comentarios de los expertos. Estos sistemas pueden adaptarse a nuevos tipos de datos.

de enfermedades y técnicas de imagen, mejorando sus capacidades diagnósticas.

IA EN SISTEMAS AUTÓNOMOS: COMPORTAMIENTO EN MOVIMIENTO

Los sistemas autónomos, incluidos los vehículos, los drones y los robots, representan algunas de las aplicaciones más avanzadas de la IA. Estos sistemas se basan en algoritmos sofisticados para mostrar comportamientos complejos y tomar decisiones en tiempo real en entornos dinámicos. Esta sección explora los patrones de comportamiento en los sistemas autónomos, los procesos de toma de decisiones y el futuro de la autonomía de la IA.

Patrones de comportamiento en vehículos autónomos, drones y robótica

1. Vehículos autónomos: Los vehículos autónomos utilizan inteligencia artificial para navegar y tomar decisiones de conducción en tiempo real. Estos vehículos dependen de una combinación de sensores, cámaras y algoritmos de aprendizaje automático para interpretar su entorno y tomar decisiones. Los patrones de comportamiento de los vehículos autónomos incluyen el mantenimiento del carril, el control de crucero adaptativo y la evitación de obstáculos. Por ejemplo, el sistema Autopilot de Tesla utiliza aprendizaje profundo para analizar datos de sensores y tomar decisiones de conducción, como ajustar la velocidad y cambiar de carril.

2. Drones: Los drones emplean IA para realizar tareas como vigilancia aérea, entregas y mapeo. Los algoritmos de IA permiten a los drones navegar por entornos complejos, evitar

obstáculos y completar misiones de forma autónoma. Los patrones de comportamiento de los drones incluyen planificación de rutas, prevención de colisiones y ajustes en tiempo real en función de los cambios ambientales. Por ejemplo, los drones de reparto utilizan IA para optimizar las rutas de vuelo y evitar obstáculos mientras entregan paquetes.

3. Robótica: Las aplicaciones de la robótica, como los robots industriales y los robots de servicio, dependen de la IA para realizar tareas e interactuar con su entorno. Los patrones de comportamiento de los robots incluyen la manipulación de objetos, la navegación y la interacción entre humanos y robots. Por ejemplo, los robots colaborativos (cobots) utilizados en la fabricación adaptan su comportamiento en función de las tareas realizadas y la presencia de operadores humanos.

Toma de decisiones y resolución de problemas en tiempo real

1. Toma de decisiones en tiempo real: los sistemas autónomos deben tomar decisiones en tiempo real en función de condiciones que cambian rápidamente. Los algoritmos de IA que se utilizan en estos sistemas incluyen procesamiento de datos en tiempo real, árboles de decisiones y aprendizaje por refuerzo. La toma de decisiones en tiempo real implica procesar datos de sensores, predecir resultados y seleccionar acciones que logren los objetivos deseados.

2. Técnicas de resolución de problemas: Los sistemas autónomos utilizan técnicas de resolución de problemas para abordar desafíos y lograr objetivos. Se emplean técnicas como algoritmos de planificación, métodos de optimización y

búsqueda heurística para resolver problemas complejos. Por ejemplo, el algoritmo de planificación de rutas de un vehículo autónomo determina la ruta óptima para navegar en un escenario de tráfico evitando obstáculos.

3. Control adaptativo: Las técnicas de control adaptativo permiten que los sistemas autónomos ajusten su comportamiento en función de la retroalimentación y las condiciones cambiantes. Estas técnicas implican Modificación de los parámetros y estrategias de control para mejorar el rendimiento del sistema. Por ejemplo, el control adaptativo en robótica permite que los robots ajusten sus movimientos en función de las variaciones del entorno o de los requisitos de la tarea.

El futuro de la autonomía y el comportamiento de la IA en entornos complejos

1. Mayor autonomía: el futuro de la autonomía implica el avance de los algoritmos y las tecnologías de inteligencia artificial para gestionar entornos y tareas cada vez más complejos. Esto incluye mejorar la capacidad de los sistemas autónomos para funcionar en condiciones impredecibles, como condiciones meteorológicas extremas o entornos urbanos dinámicos. Una mayor autonomía permitirá aplicaciones más sofisticadas, como la movilidad aérea urbana autónoma y misiones avanzadas de búsqueda y rescate.

2. Colaboración entre humanos e IA: los futuros avances en el comportamiento de la IA se centrarán en mejorar la colaboración entre humanos y sistemas autónomos. Esto incluye mejorar la comunicación, la coordinación y la confianza entre los operadores humanos y los sistemas de IA.

La colaboración entre humanos e IA será crucial para las aplicaciones en las que los sistemas autónomos trabajen junto con equipos humanos, como en la atención sanitaria, la respuesta a desastres y la automatización industrial.

3. Consideraciones éticas y regulatorias: El avance de los sistemas autónomos requerirá que se aborden consideraciones éticas y regulatorias, entre ellas garantizar la seguridad, la rendición de cuentas y la transparencia en el comportamiento de la IA. El desarrollo de estándares y regulaciones para los sistemas autónomos será esencial para gestionar los riesgos y promover el uso responsable de la tecnología.

ÉTICA DE LOS PATRONES DE COMPORTAMIENTO DE LA IA

A medida que los sistemas de IA se integran más a la sociedad, las consideraciones éticas en torno al comportamiento de la IA son cada vez más importantes. Esta sección explora las implicaciones morales de los comportamientos impulsados por la IA, la responsabilidad por las acciones de la IA y la necesidad de transparencia y confianza en los sistemas de IA.

Las implicaciones morales de los comportamientos impulsados por la IA

1. Toma de decisiones ética: los sistemas de IA que toman decisiones que afectan a las personas o a la sociedad deben cumplir con principios éticos. Esto incluye garantizar que las decisiones sean justas, imparciales y respeten los derechos humanos. Por ejemplo, los sistemas de IA utilizados en la justicia penal deben evitar reforzar los sesgos existentes y garantizar que sus decisiones no resulten en un trato injusto a las personas.

2. Privacidad y seguridad: las conductas de IA que implican el procesamiento de datos personales deben abordar cuestiones de privacidad y seguridad. Garantizar que los sistemas de IA protejan la información confidencial y cumplan con las normas de protección de datos es fundamental para mantener la confianza pública. Esto incluye la implementación de medidas de seguridad sólidas y la transparencia sobre el uso de los datos.

3. Responsabilidad por los resultados: Las implicaciones morales de los comportamientos impulsados por la IA también implican abordar la responsabilidad por los resultados de las decisiones de IA. Esto incluye determinar quién es responsable cuando los sistemas de IA causan daño o cometen errores. Establecer marcos y mecanismos de rendición de cuentas claros para abordar los problemas es esencial para la implementación ética de la IA.

Responsabilidad de la IA: ¿Quién es responsable de las acciones de la IA?

1. Definición de rendición de cuentas: la rendición de cuentas por las acciones de IA implica identificar a las personas o entidades responsables del diseño, desarrollo e implementación de los sistemas de IA. Esto incluye garantizar que los sistemas de IA funcionen según lo previsto y abordar cualquier problema que surja. Los marcos de rendición de cuentas deben describir las funciones y responsabilidades, incluidas las de los desarrolladores, operadores y organizaciones.

2. Marcos legales y regulatorios: Los marcos legales y regulatorios son esenciales para establecer la rendición de cuentas por las acciones de IA. Esto incluye el desarrollo de leyes y regulaciones que aborden la responsabilidad, la seguridad y las consideraciones éticas. Por ejemplo, las regulaciones pueden exigir que las organizaciones realicen evaluaciones de impacto y garanticen que los sistemas de IA cumplan con los estándares de seguridad.

3. Supervisión ética: la supervisión ética implica establecer mecanismos para evaluar y abordar las preocupaciones éticas

relacionadas con el comportamiento de la IA. Esto incluye la formación de comités de ética, la realización de auditorías periódicas y la participación de diversas partes interesadas en los procesos de toma de decisiones. La supervisión ética garantiza que los sistemas de IA se ajusten a los valores y principios sociales.

Garantizar la transparencia y la confianza en los sistemas de IA

1. Transparencia en la toma de decisiones de la IA: la transparencia implica proporcionar explicaciones claras sobre cómo los sistemas de IA toman decisiones y cómo procesan los datos. Esto incluye revelar información sobre algoritmos, fuentes de datos y procesos de toma de decisiones. La transparencia ayuda a generar confianza y permite a los usuarios comprender y cuestionar las decisiones de la IA.

2. Explicabilidad: La explicabilidad se refiere a la capacidad de los sistemas de IA de proporcionar explicaciones comprensibles para sus decisiones y acciones. Se utilizan técnicas como la interpretabilidad de modelos y la generación de explicaciones para mejorar la explicabilidad. Por ejemplo, proporcionar información sobre cómo un sistema de recomendación llega a una sugerencia específica puede mejorar la confianza del usuario.

3. Participación pública: involucrar al público en debates sobre el comportamiento y la ética de la IA es fundamental para fomentar la confianza y abordar las preocupaciones. Esto incluye involucrar a las partes interesadas en el proceso de desarrollo, realizar consultas públicas y proporcionar

recursos educativos sobre la tecnología de la IA y sus implicaciones.

LA IA Y EL FUTURO DE LA INTERACCIÓN ENTRE HUMANOS Y IA

A medida que la tecnología de IA siga evolucionando, la relación entre los seres humanos y los sistemas de IA experimentará cambios significativos. En esta sección se analizan las predicciones para la próxima ola de comportamientos de la IA, la evolución de la relación entre los seres humanos y la IA, y los pasos necesarios para preparar a la sociedad para el papel cada vez mayor de la IA.

Predicciones para la próxima ola de comportamientos de la IA

1. Personalización mejorada: los futuros sistemas de IA exhibirán capacidades de personalización mejoradas, adaptando las experiencias e interacciones en función de las preferencias y los comportamientos individuales. Esto incluye ofrecer recomendaciones más relevantes, contenido personalizado e interfaces adaptables que respondan a las necesidades del usuario.

2. Colaboración avanzada entre humanos e IA: la próxima ola de comportamientos de IA implicará formas más avanzadas de colaboración entre humanos e IA. Esto incluye el desarrollo de sistemas de IA que funcionen sin problemas con equipos humanos, mejorando la productividad y la toma

de decisiones. Algunos ejemplos incluyen robots colaborativos en la fabricación y herramientas creativas asistidas por IA.

3. Inteligencia emocional: Los sistemas de IA exhibirán cada vez más inteligencia emocional, lo que les permitirá reconocer y

Responder a las emociones humanas. Esto incluye desarrollar interacciones empáticas y brindar apoyo en áreas como la salud mental y el servicio al cliente.

La relación en evolución entre los humanos y la IA

1. Integración en la vida cotidiana: Los sistemas de IA se integrarán cada vez más en la vida cotidiana, influyendo en diversos aspectos como el trabajo, la educación y el entretenimiento. Esta integración requerirá adaptarse a nuevas interacciones y comprender el impacto de la IA en los entornos personales y profesionales.

2. Colaboración entre humanos e IA en la toma de decisiones: la colaboración entre humanos e IA en la toma de decisiones será cada vez más frecuente. Esto incluye el uso de IA para respaldar decisiones complejas, mejorar la resolución de problemas y brindar información en campos como la atención médica, las finanzas y la gobernanza.

3. Abordar los impactos sociales: prepararse para el papel cada vez mayor de la IA implica abordar los impactos sociales, como los cambios en el empleo, la educación y la dinámica social. Esto incluye el desarrollo de estrategias para

gestionar las transiciones y garantizar que los beneficios de la IA se distribuyan de manera equitativa.

Preparando a la sociedad para el papel cada vez más importante de la IA en la vida cotidiana

1. Educación y capacitación: Brindar educación y capacitación sobre la tecnología de IA es esencial para preparar a la sociedad para su creciente papel. Esto incluye el desarrollo de planes de estudio que cubran los fundamentos de la IA, las consideraciones éticas y los aspectos prácticos. Aplicaciones. La educación ayudará a las personas a comprender y comprender el impacto de la IA en sus vidas y carreras.

2. Políticas y regulación: Desarrollar políticas y regulaciones que aborden el impacto de la IA es crucial para garantizar una implementación responsable y ética. Esto incluye la creación de marcos para la privacidad de los datos, la rendición de cuentas algorítmica y la seguridad pública. Los responsables de las políticas deben colaborar con expertos y partes interesadas para desarrollar regulaciones efectivas y equilibradas.

3. Concienciación pública: aumentar la conciencia pública sobre la tecnología de IA y sus implicaciones es importante para fomentar debates y tomas de decisiones fundamentadas. Las campañas de concienciación pública, la divulgación comunitaria y las iniciativas de transparencia pueden ayudar a las personas a comprender los beneficios y los riesgos de la IA.

CONCLUSIÓN

Al concluir nuestra exploración del mundo de los patrones de comportamiento de la IA, se hace evidente que comprender estos patrones no es solo un ejercicio académico, sino un componente fundamental para aprovechar la IA de manera eficaz en el emprendimiento. A lo largo de este libro, hemos profundizado en cómo se comporta, aprende y se adapta la IA, y cómo se pueden aprovechar estos comportamientos para impulsar la innovación y el éxito en los negocios. Comenzamos examinando los principios fundamentales de la IA, destacando su potencial para transformar las industrias mediante el análisis de datos, la realización de predicciones y la automatización de tareas complejas. Los patrones de comportamiento de la IA, desde el reconocimiento de patrones hasta el aprendizaje adaptativo, nos han demostrado que la IA no es solo una herramienta, sino un sistema dinámico capaz de evolucionar y mejorar con el tiempo. Al explorar casos de estudio y aplicaciones específicos, hemos visto cómo las empresas de todos los tamaños están aplicando la IA para obtener una ventaja competitiva. Ya sea a través de análisis predictivos, experiencias personalizadas para el cliente o eficiencias operativas, la capacidad de la IA para reconocer y responder a los patrones ha demostrado ser invaluable. Sin embargo, es fundamental reconocer que un gran poder conlleva una gran responsabilidad. Es necesario abordar las consideraciones éticas y los posibles sesgos inherentes a los sistemas de IA para garantizar que la IA se utilice de una manera que beneficie a todas las partes interesadas. Como empresarios, debemos estar atentos a la hora de diseñar e implementar soluciones de IA que sean justas, transparentes y estén alineadas con nuestros valores.

www.ingramcontent.com/pod-product-compliance
Lightning Source LLC
Chambersburg PA
CBHW070210230526
45471CB00002B/905